EXERCIC__

DE vocabulaire

EN CONTEXTE

CORRIGÉS

Niveau débutant

Roland Eluerd

HACHETTE
Français langue étrangère

http://www.fle.hachette-livre.fr

Pour découvrir nos nouveautés,
consulter notre catalogue en ligne,
contacter nos diffuseurs, ou nous écrire,
rendez-vous sur Internet :
www.fle.hachette-livre.fr

Couverture : Guylaine Moi

Mise en pages : MÉDiAMAX

ISBN 201155392-X

© HACHETTE LIVRE 2005, 43 quai de Grenelle, F75905 Paris Cedex 15.
Tous les droits de traduction, de reproduction et d'adaptation réservés pour tous pays.

Sommaire

LEÇON 1

■ Exercice 1
quinze – 15

neuf – 9

onze – 11

six – 6

vingt – 20

douze – 12

■ Exercice 2
zéro

un

sept

treize

dix-sept

dix-huit

■ Exercice 3
soixante-dix-sept – 77

soixante et un – 61

cinquante – 50

quatre-vingt-quatorze – 94

trente-deux – 32

quatre-vingt deux – 82

deux cent trente-trois – 233

trois cent cinquante-quatre – 354

cent huit – 108

huit cent quatre-vingt-un – 881

quatre cent vingt-six – 426

neuf cent soixante-seize – 976

■ Exercice 4
vingt-*huit*

quarante-*six*

soixante-treize

soixante-deux

quatre-vingt-*dix-neuf*

cinq cent *six*   506

mille deux cent trente et un   1 231

huit cent quatre-vingt-*huit*   888

deux mille cent soixante-*six*   2 166

cinq mille six cent quatre-vingt-douze   5 692

■ Exercice 5
A. 1, 3, 4, 5.

B. 2, 6.

LEÇON 2

■ Exercice 1
minuit

le lever du soleil

le matin

midi

l'après-midi

le coucher du soleil

le soir

minuit

(l'été, on peut avoir l'ordre : le soir – le coucher du soleil)

■ Exercice 2
la lune *(ce n'est pas une salutation)*

les étoiles *(ce n'est pas le jour)*

midi *(ce n'est pas la nuit)*

Bonsoir *(ce n'est pas le matin)*

■ Exercice 3
1. Bonjour.

2. Bonne journée !

3. Bonsoir.

4. Bonne soirée.

Exercice 4

1. V
2. F *(sauf pour le soleil de minuit)*
3. F
4. F
5. F *(un croissant de lune)*
6. F *(sauf pour le soleil de minuit)*
7. V

Exercice 5

1. matin
2. soleil
3. soir
4. étoiles
5. midi
6. lune
7. nuit

LEÇON 3

Exercice 1

a. – 4.
b. – 5.
c. – 3.
d. – 1.
e. – 2.
f. – 4.
g. – 6.

Exercice 2

a. – 2. / 4.
b. – 1.
c. – 3.
d. – 5.
e. – 8.
f. – 7.
g. – 10.
h. – 6.
i. – 9.

Exercice 3

1. F
2. F
3. V
4. V
5. F *(elle ne travaille pas le jeudi)*
6. V
7. V

Exercice 4

a. matin
b. samedi
c. mercredi – jeudi
d. mardi – mercredi – vendredi
e. dimanche
f. mercredi – vendredi
g. lundi – mercredi – jeudi – vendredi

LEÇON 4

Exercice 1

1. d. / e. / g. *(i ne s'emploie pas : on peut dire « une / deux / trois / quatre / cinq heure(s) de l'après-midi » et « (cinq) / six / sept / huit / neuf / dix / onze heures du soir » mais on ne dit pas « deux heures du soir »).*
2. b. / f.
3. a.
4. c. / h.

Exercice 2

a. vingt-quatre
b. secondes
c. quinze
d. minuit
e. en retard
f. en avance

g. à l'heure

h. de – à

Exercice 3

minuit *(ce n'est pas un nom de jour)*

soleil *(ce n'est pas un mot lié à l'idée de mesure du temps)*

matin *(ce n'est pas une fraction d'heure)*

avoir *(ce n'est pas un verbe en -er)*

Exercice 4

1. heure
2. minuit
3. vendredi
4. secondes
5. semaine
6. minute
7. horloge
8. lundi
9. soir
10. mercredi
11. mille

LEÇON 5

Exercice 1

a. 15 juin 2005

b. 3 janvier 2005

c. 11 juillet 2005

d. 18 septembre 2005

e. 20 octobre 2005

f. 31 décembre 2005

Exercice 2

1. – c.

2. – a.

3. – d.

4. – b.

5. – e.

6. – h.

7. – i. / f.

8. – g.

9. – j.

10. – k.

Exercice 3

a. en

b. en

c. né

d. avant

e. après

f. né en – mort en

Exercice 4

1910 – mille neuf cent dix

1997 – mille neuf cent quatre-vingt-dix-*sept*

1802 – mille huit cent-*deux*

1885 – mille huit cent quatre-*vingt*-cinq

1828 – mille huit cent vingt-*huit*

1905 – mille neuf cent *cinq*

1832 – mille huit cent trente-deux

1923 – mille *neuf* cent vingt-trois

1907 – mille neuf *cent* sept

1983 – mille neuf cent quatre-vingt-*trois*

LEÇON 6

Exercice 1

a. cinq

b. quinze

c. sept

d. mois

e. 12 h / midi

Exercice 2

a. – 3.

b. – 4.

c. – 6.
d. – 2.
e. – 7.
f. – 1.
g. – 2. / 3. / 5.

■ Exercice 3

1. V
2. F (*il faudrait* : Je pars avant 11 h.)
3. V
4. F (*il faudrait répondre par une durée* : Dans deux heures.)
5. V
6. V
7. F (Je vais partir *ne s'emploie pas pour un passé (hier)*)
8. F (*le passé composé ne s'emploie pas pour un futur (demain)*)

■ Exercice 4

1. quand – demain – quelle – à – dans
2. quand – bientôt / tout à l'heure – combien – dans – tout à l'heure / bientôt
3. quelle – juste – levé – suis – à – heure – lève – temps – bientôt

LEÇON 7

■ Exercice 1

1. Paul
2. Pierre – Jean
3. Paul
4. Pierre
5. Jean – Paul – Pierre

■ Exercice 2

1. arrive
2. en retard
3. vite
4. en même temps
5. prochain
6. rapide
7. avant
8. dans
9. déjà
10. longtemps

■ Exercice 3

1. V
2. F (après *est impossible avec* en même temps)
3. F (presque *ne peut pas exprimer une heure entière*)
4. F
5. F (*incohérence entre* Il part *au présent et* hier *qui marque le passé, mais* Il part *au présent et* demain *qui marque le futur est possible*)
6. F (*incohérence entre* Il est arrivé *au passé puis* la semaine prochaine *qui marque le futur*)
7. F (déjà *est mal employé, voir item 8*)
8. V
9. V
10. F (*incohérence entre* Paul va partir *au futur puis* depuis *qui marque le passé*)

■ Exercice 4

11 h *(ce n'est pas une heure du soir)*
dans 5 min *(ce n'est pas une expression du passé)*
depuis deux heures *(ce n'est pas une expression du futur)*
en même temps *(ce n'est pas un intervalle entre deux moments)*
un an *(ce n'est pas une durée de 15 / 20 sec à 15 / 20 min)*

LEÇON 8

■ Exercice 1
a. un cube
b. un cône
c. un cercle
d. un rectangle
e. un triangle / c'est triangulaire

■ Exercice 2
1. rectangulaire
2. des lignes
3. un rond
4. une sphère
5. ronde

■ Exercice 3
1. V
2. F
3. F
4. F
5. F
6. V
7. V
8. F
9. V

■ Exercice 4
1. centre
2. horizon
3. triangle
4. soir
5. temps
6. lent
7. mercredi
8. heures
9. retard
10. il
11. entre
12. seize
13. lettres
14. rond
15. sphère

LEÇON 9

■ Exercice 1
1. O
2. I
3. Z
4. V
5. C

■ Exercice 2
a. bleu blanc rouge
b. bleu, blanc, rouge
c. jaune et rouge
d. vert, blanc, rouge
e. vert et rouge
f. bleu et blanc

■ Exercice 3
1. V
2. V
3. V
4. V
5. V
6. F *(il est dans le ciel)*
7. V
8. F

■ Exercice 4
1. dessin – triangle
2. point – centre
3. horizontale
4. côté
5. pointillé
6. courbe
7. côtés – angles

Exercice 5

droit *(ce n'est pas une couleur)*
cône *(ce n'est pas une surface)*
arbre *(ce n'est pas lié au ciel)*
côté *(ce n'est pas lié à une idée de centre)*

LEÇON 10

Exercice 1

a. sur
b. dessous
c. devant
d. à côté de
e. derrière
f. dans
g. sous

Exercice 2

1. au centre
2. au-dessus
3. en dessous
4. à droite
5. à gauche
6. près
7. loin
8. autour
9. après
10. avant

Exercice 3

1. entre
2. avant
3. après
4. jusqu'à
5. vers

Exercice 4

4. 10. 7. 2. 6. 3. 9. 1. 5. 8.

LEÇON 11

Exercice 1

A. devant – derrière
dessus – dessous
sur – sous
à gauche – à droite
avant – après
loin – près.
B. aller à – venir de
partir – arriver
courbe – pointu
vite – lent
dans – depuis
droit – penché

Les sens contraires sont reliés aux contextes. Dans est le contraire de depuis dans les expressions de temps : dans une heure / depuis une heure. Droit est un contraire de penché dans l'arbre est droit / l'arbre est penché. Quand on demande le contraire d'un mot sans donner un contexte, il y a toujours plusieurs réponses.

Exercice 2

a. en face
b. près
c. au centre
d. devant
e. loin

Exercice 3

habite à – depuis – entre – avant – est arrivée – en même temps – vient de

Exercice 4

chat *(ce n'est pas lié à la ville)*
minute *(ce n'est pas lié au dessin)*
bientôt *(ce n'est pas lié à l'espace)*

sur *(ce n'est pas à « la même hauteur »)*
rond *(ce n'est pas angulaire)*

■ Exercice 5

a. de – à
b. de – à
c. vers – entre
d. entre
e. avant
f. avant
g. depuis
h. dans
i. dans
j. après – vers
Les prépositions peuvent avoir un sens temporel ou un sens spatial.

LEÇON 12

■ Exercice 1

1. V
2. F *(quatorze)*
3. F *(quatorze)*
4. V
5. V
6. F *(soixante-huit)*
7. V
8. V

■ Exercice 2

Paris – Lyon – 460 km – la distance
un terrain de football – 10 800 m² – la surface
la Seine – 776 km – la longueur
le mont Blanc – 4 808 m – la hauteur
un litre d'eau – 1 000 cm³ – le volume
un litre d'eau – 1 kg – le poids

■ Exercice 3

A. haut – bas
lourd – léger
large – étroit
long – court
épais – mince
B. avant – après
vite – lent
sous – sur
devant – derrière

■ Exercice 4

1. – c.
2. – f.
3. – a.
4. – g.
5. – b.
6. – j.
7. – d.
8. – i.
9. – e.
10. – h.

■ Exercice 5

rouge *(ce n'est pas une mesure)*
large *(ce n'est pas une hauteur)*
lourd *(ce n'est pas une longueur)*
distance *(ce n'est pas une mesure de longueur : la* distance *sépare deux points, deux villes, etc. Le nom* distance *n'est pas un synonyme de* longueur. *On dit :* Quelle distance y a-t-il entre Paris et Lyon ? *On ne dit pas :* Quelle longueur... ? *Mais on dit :* Quelle est la longueur de cette table ? *Et la question :* Quelle est la longueur du voyage entre Paris et Lyon ? *demande une réponse en heures et minutes.)*
litre *(ce n'est pas une mesure en mètre ou en centimètre).*

LEÇON 13

■ Exercice 1
1. – c.
2. – a.
3. – d.
4. – b.

■ Exercice 2
1. 24 €
2. 37 €
3. 57 €
4. 7,02 € / 7 € et 2 centimes
5. 60,60 € / 60 € et 60 centimes

■ Exercice 3
billet *(ce n'est pas en métal)*
loin *(ce n'est pas lié à l'argent)*
euro *(ce n'est pas lié au calcul)*
arrivée *(ce n'est pas lié à l'argent)*
avec *(ce n'est pas un adverbe interrogatif)*

■ Exercice 4
1. – c.
2. – e.
3. – f.
4. – b.
5. – a.
6. – d.

■ Exercice 5
1. km
2. village
3. chèque
4. rue

5. billets
6. ici
7. étroite
8. centimes
9. large
10. liquide
11. euros
12. kg
13. mercredi

LEÇON 14

■ Exercice 1
1. sac
2. panier
3. paquet – pot
4. bouteille
5. canette – boîte

■ Exercice 2
panier *(il contient tous les autres)*
sucre *(cela ne se boit pas)*
arriver *(cela n'a pas de lien avec l'argent)*
journal *(cela ne se mange pas)*
cher *(c'est le contraire des trois autres)*

■ Exercice 3
5. 2. 7. 4. 1. 6. 8. 3.

■ Exercice 4
6. 1. 4. 2. 7. 5. 3.

LEÇON 15

■ Exercice 1

a. un mouton
b. un escargot
c. un poulet
d. un poisson
e. un bœuf
f. un porc

■ Exercice 2

a. – 5.
b. – 2.
c. – 4. / 2.
d. – 4.
e. – 6.
f. – 1.
g. – 3.

■ Exercice 3

1. le kilo de carottes
2. le journal

■ Exercice 4

1. F *(poissonnier)*
2. V
3. V
4. F *(des fruits)*
5. F *(boîte ou paquet)*
6. F *(ne pas confondre le croissant de la lune et les gâteaux !)*
7. V
8. F *(on part et après on revient)*

■ Exercice 5

eau *(ça ne se mange pas)*
tarte au pain *(il y a des tartes au fromage, souvent avec un légume, mais il n'y a pas de tarte au pain)*
fleurs *(ce n'est pas une boutique)*
fromage *(ce n'est pas un gâteau)*
kilomètre *(ça n'a pas de lien avec les courses)*

LEÇON 16

■ Exercice 1

carottes – magasin – marchand de fruits et légumes
carottes – supermarché – rayon légumes
pommes – magasin – marchand de fruits et légumes
pommes – supermarché – rayon fruits
porc – magasin – boucherie
porc – supermarché – rayon viande
fleurs – magasin – fleuriste
fleurs – supermarché – rayon fleurs
tarte aux poires – magasin – pâtisserie
tarte aux poires – supermarché – rayon gâteaux

■ Exercice 2

Caisse n° 1
Total 7,80 €
Rendu 2,20 €
Caisse n° 3
Camembert 2,30 €
Total 11,30 €
Payé 12,00 €

■ Exercice 3

1. un marchand
2. un boulanger
3. une vendeuse
4. une fleuriste
5. une pâtissière
6. une cliente
7. un caissier
8. une dessinatrice

■ Exercice 4

2. 7. 5. 6. 8. 1. 4. 3.

LEÇON 17

■ Exercice 1

1. – b.
2. – g.
3. – d.
4. – a.
5. – e.
6. – h.
7. – f.
8. – c.

■ Exercice 2

A. remplir – vider
   tout – rien
   beaucoup – un peu
   plus – moins
   grand – petit
B. vendeur – client
   vendre – acheter
   aller à – revenir de
   addition – soustraction
   loin – près

■ Exercice 3

A. 1. vide. 2. à moitié vide / à moitié plein.
   3. presque plein. 4. plein.
B. 1. rien. 2. presque rien. 3. le quart. 4. la
   moitié. 5. presque tout. 6. tout.
C. 1. gratuite. 2. presque gratuite. 3. chère.
   4. très chère. 5. très très chère.

■ Exercice 4

1. plus
2. aussi
3. moins
4. moins
5. plus
6. autant
7. moins
8. plus
9. plus
10. autant

■ Exercice 5

beaucoup – tous les – toute la – très –
tout le – moins – un peu – toute la –
beaucoup – toutes les

LEÇON 18

■ Exercice 1

rien *(cela n'exprime pas une quantité)*
n'importe quoi *(cela n'exprime pas une idée
de temps)*
pendant *(cela n'exprime pas une idée
d'espace)*
il a dormi *(cela n'exprime pas une action !)*
pleine *(cela n'exprime pas la moitié)*

■ Exercice 2

1. F
2. V
3. V
4. F *(c'est toutes les deux semaines, tous les
   quinze jours, une semaine sur deux, un
   samedi sur deux)*
5. F *(il va à la bibliothèque le jeudi)*
6. V
7. F
8. F *(deux fois par mois ce n'est pas souvent)*
9. F
10. F

Exercice 3

1. souvent
2. jamais
3. parfois
4. une semaine sur deux
5. tous les jeudis – pendant
6. plus souvent – qu' au

LEÇON 19

Exercice 1

1. nez
2. nez
3. cheveux
4. dents
5. cou
6. oreilles
7. front
8. lèvres

Exercice 2

1. F *(on prend un bain dans une baignoire)*
2. F *(on se brosse avec une brosse)*
3. F *(le dentifrice est pour les dents)*
4. V
5. V
6. V
7. V
8. F
9. F

Exercice 3

Toilette du matin : d, a, e, b, f, c, g.
Toilette du soir : b, c, f, a, e, d, g. / b, c, f, d, g, a, e.

Exercice 4

panier *(cela n'a pas de lien avec la toilette)*
café *(cela n'a pas de lien avec la toilette)*
après-midi *(cela n'a pas de lien avec le matin)*
derrière *(cela n'a pas de lien avec le devant)*
il fait jour *(ce n'est pas une personne)*

LEÇON 20

Exercice 1

a. la tête
b. le cou
c. l'épaule
d. le bras
e. le coude
f. la main
g. le poignet
h. un doigt

Exercice 2

un rasoir
une brosse
un peigne
brasser
le dentifrice
le poignet / une poignée
un bain

Exercice 3

dormir sur le nez
porter sur les dents
tenir par le ventre
tirer avec les oreilles
pousser avec les cheveux
poser ses mains sur ses poings

Exercice 4

1. se lave
2. pousse
3. donne
4. pose
5. porte
6. tient
7. prend
8. tire
9. compte
10. arrivent

LEÇON 21

Exercice 1

a. le pied
b. les doigts de pied
c. les épaules / le torse
d. les genoux
e. le coude
f. la main

Exercice 2

a. reculer
b. avancer
c. s'arrêter
d. tourner à gauche
e. tourner à droite

Exercice 3

cou (*ça ne fait pas parti de la jambe*)
doigt (*ça ne fait pas parti de la tête*)
ventre (*ça n'a pas de lien avec le bras ou la jambe*)
s'arrêter (*ce n'est pas un verbe de mouvement*)
Il va vers l'avant (*ce n'est pas le futur proche*)

Exercice 4

1. – e.
2. – h.
3. – a.
4. – b.
5. – j.
6. – d.
7. – f.
8. – i.
9. – g.
10. – c.

Exercice 5

a. entre
b. sort
c. sorti
d. traversé
e. monte sur
f. monté sur
g. descend
h. descendu

LEÇON 22

Exercice 1

1. à la main
2. à la cheville / au mollet
3. aux genoux
4. à l'épaule
5. à l'oreille

Exercice 2

1. – c.
2. – f.
3. – e.
4. – a.
5. – b.
6. – d.

■ Exercice 3

A. bien
   malade
   mal
   mal – ventre
   beaucoup de
B. malade
   mal
   blessé
   couru – tombé
(attention : on peut « avoir mal » sans être malade)

■ Exercice 4

tombé – blessé – sang – peau – blessure – sang – lavée – pansement

■ Exercice 5

Horizontalement

1. donner – sc
2. ee – œuf
3. sim – où
4. clientes
5. non – sac
6. nou
7. doigts – tu
8. tarte
9. et – ti – nze

Verticalement

1. descendre
2. œil – oo
3. minuit
4. no – eo – gat
5. ee – nn – tri
6. ruot – est
7. es – en
8. osa
9. cou – coude

LEÇON 23

■ Exercice 1

a. voit
b. regarde
c. examine
d. voit mal

■ Exercice 2

1. V
2. V
3. V
4. F
5. F
6. F
7. V
8. F *(on examine de près)*
9. V / F *(on dessine avec un crayon mais en Chine ou au Japon, on dessine avec un pinceau)*
10. F *(on peint avec des pinceaux)*

■ Exercice 3

court – regarde – voit / regarde – tombe – se blesse – examine (voir *et* regarder *ne sont pas assez précis*) – marche – regarde

■ Exercice 4

soleil *(cela n'a pas de lien avec la vue)*
chat *(cela n'a pas de lien avec la peinture)*
dessus *(cela n'a pas de lien avec la vue)*
loin *(ce n'est pas sur le visage)*
porter des lunettes *(ce n'est pas lourd à porter !)*

LEÇON 24

■ Exercice 1

dessin *(cela n'a pas de lien avec entendre)*
voir *(cela n'a pas de lien avec entendre)*
pied *(cela n'a pas de lien avec chanter mais on peut « chanter comme un pied » = très mal)*
œil *(cela n'a pas de lien avec entendre)*
loin *(on écoute et on examine de près pas de loin)*

■ Exercice 2

des chanteuses
des vendeuses
des dessinatrices
des chats
des boulangères
des musiciens
des peintres
des marchandes
des fleuristes

■ Exercice 3

1. regarde
2. vu
3. fait / joue
4. joue
5. écoute
6. entendu
7. écoute
8. joue – joue

■ Exercice 4

1. loin – entend – voit – près – écoute – regarde
2. musique – joue – piano – concert – écouter
3. mal – entend – tourne – écouter

LEÇON 25

■ Exercice 1

caresser – la main, les doigts
goûter – la bouche, la langue
sentir – le nez
toucher – la main, les doigts
voir – les yeux
entendre – les oreilles
regarder – les yeux
manger – la bouche, la langue
écouter – les oreilles

■ Exercice 2

marcher *(ça n'a pas de lien avec les cinq sens)*
sel *(ce n'est pas sucré)*
nez *(ça n'a pas de lien avec toucher)*

■ Exercice 3

café, sucré *(ça n'a pas de lien avec toucher)*
oreille, bouche *(ça n'a pas de lien avec sentir)*
Le parfum sent Aline, Les fleurs sentent le parfum *(ça n'a pas de sens)*

■ Exercice 4

1. V
2. V
3. F *(sentir / toucher)*
4. F *(goûter / toucher)*
5. F *(toucher / peser)*
6. V
7. F *(c'est sucré)*
8. F *(c'est doux)*
9. V

■ **Exercice 5**

A. entend – regarde – avance – voit – parti

B. poires – goûte – langue – bonne / sucrée – sucrée / bonne

C. se parfume – derrière – cou – sentir – sens

LEÇON 26

■ **Exercice 1**

1. – b.

2. – c. / e.

3. – d.

4. – a. / c.

■ **Exercice 2**

1. V
2. V
3. V
4. V
5. V
6. V
7. F
8. F
9. V
10. F

■ **Exercice 3**

3. 9. 4. 8. 5. 6. 10. 7. 1. 2.

■ **Exercice 4**

A. écris – écris – dis – dis

B. téléphoner – téléphoné – parlé – dit

C. lu – acheté – parlent – entendu – écoutes – écoute

LEÇON 27

■ **Exercice 1**

réfléchir *(ça ne s'entend pas)*

poser une question *(cela ne se pose pas sur la table !)*

donner 10 euros *(cela peut se donner dans la main)*

avoir une guitare *(cela peut se tenir dans les mains)*

être certain *(cela n'est pas incertain)*

■ **Exercice 2**

1. V
2. V
3. V
4. V
5. F *(on ne dit pas* il fait erreur *mais* c'est faux)
6. F (certain *ne va pas avec* peut-être)
7. F *(avoir raison c'est donner une bonne réponse : on peut ne pas être certain que sa réponse est bonne)*
8. V
9. V
10. V

■ **Exercice 3**

A. 4. 2. 1. 3. / 4. 3. 1. 2.

B. 4. 1. 3. 6. 5. 2.

C. 3. 6. 8. 2. 7. 5. 1. 4.

■ **Exercice 4**

A. sais – peut-être – sûr – posé – répondu – sais

B. écrit – trouve – cherché – réfléchis – trouve – sûr / certain – donné – certain / sûr

LEÇON 28

■ **Exercice 1**

1. – f.
2. – e.
3. – d.
4. – b.
5. – c.
6. – a.

■ **Exercice 2**

1. V
2. V
3. V
4. F
5. V
6. F *(connaître = comprendre)*
7. V *(oral / écrit)*
8. V
9. F *(après un mois on ne connaît que quelques mots)*
10. F *(l'idée est bonne* ou *mauvaise, elle ne peut pas être bonne* et *mauvaise).*

■ **Exercice 3**

2. 8. 5. 11. 1. 6. 9. 3. 10. 12. 4. 7.

■ **Exercice 4**

A. connaissez / comprenez – connais – connaissez – comprends / connais – parle – écris
B. connais – sais – oublié – te souviens – cherche – trouve

■ **Exercice 5**

oublier
demain *(ce n'est une idée de passé)*
être à Paris *(c'est employé comme* habiter*)*
avoir une idée *(on ne peut pas la toucher)*

LEÇON 29

■ **Exercice 1**

1. – e.
2. – g.
3. – h.
4. – a.
5. – j.
6. – b.
7. – i.
8. – c.
9. – f.
10. – d.

■ **Exercice 2**

1. – d.
2. – j.
3. – h.
4. – a.
5. – g.
6. – i.
7. – c.
8. – b.
9. – f.
10. – e.

■ **Exercice 3**

1. F *(je sais = je suis sûr)*
2. V
3. F *(on est d'accord ou on pense le contraire)*
4. F *(il choisit le café)*
5. F *(c'est un problème difficile)*
6. F *(aimer plus = préférer)*
7. F
8. V
9. F (le *mais* n'est pas bon)

■ **Exercice 4**

A. 4. 2. 7. 3. 6. 1. 5.
B. 3. 5. 1. 8. 4. 2. 7. 6.

Exercice 5

cherche – connaissez – me souviens – sais – me trompe – suis sûr – crois – ai le choix – difficile

LEÇON 30

Exercice 1

1. – e.
2. – f.
3. – a.
4. – c.
5. – g.
6. – b.
7. – d.

Exercice 2

A. 1. 3. 4. 2.
B. 3. 2. 1. 4.
C. 3. 1. 4. 2.

Exercice 3

revenir *(ce n'est pas un départ)*
le soleil *(ce n'est pas le mauvais temps)*
large *(ce n'est pas une mesure de température)*
le vent *(cela n'a pas de lien avec l'eau)*
Il vient de Paris *(ce n'est pas du passé immédiat)*

Exercice 4

1. nuages
2. pluvieux
3. nuageux – soleil – vent
4. neige
5. orages
6. ensoleillé

LEÇON 31

Exercice 1

1. Le *temps* passe... : les heures – avoir le temps – être vieux – être en retard – il va partir
2. Quel *temps* fait-il ? : la pluie – le beau temps – il va pleuvoir

Exercice 2

1. enfant
2. jeune
3. froid
4. passé
5. s'en aller
6. été
7. vie
8. lent / lentement

Exercice 3

1. F *(les nuages arrivent)*
2. F *(la pluie est partie)*
3. V
4. F *(c'est bientôt l'automne)*
5. V
6. V
7. V
8. F *(le temps qui passe / le temps qu'il fait)*
9. V
10. V

Exercice 4

A. 6. 2. 5. 3. 1. 4.
B. 3. 5. 1. 4. 2.

Exercice 5

montent – chaud – sent – s'en va – duré – printemps – revenir – oublie – neige – temps

LEÇON 32

■ Exercice 1
une écharpe
une veste
un pull
un blouson
un pantalon
une jupe
une robe

■ Exercice 2
A. 2. 4. 1. 3.
B. 4. 2. 3. 1. / 4. 3. 2. 1.
C. 3. 2. 1. 4.

■ Exercice 3
acheter *(cela n'a pas de lien avec mettre ou enlever des vêtements)*
porter une veste *(cela ne se porte pas dans ses mains ou dans ses bras)*
Paul va bien *(cela n'a pas de lien avec le déplacement)*
Paul va à Lyon *(c'est la seule phrase qui concerne un déplacement)*
Tu as bon goût *(cela n'a pas de lien avec la bouche et la langue)*

■ Exercice 4
1. F *(il s'habille)*
2. V
3. V
4. F
5. F *(il ne va pas bien)*
6. V
7. V
8. V
9. V
10. V

LEÇON 33

■ Exercice 1
taille 1 *(la hauteur)* : 3. 5.
taille 2 *(le tour de taille)* : 2. 7.
taille 3 *(la taille des vêtements)* : 1. 4. 6.

■ Exercice 2
3. 5. 2. 4. 6. 7. 1. / 3. 5. 2. 7. 1. 4. 6.

■ Exercice 3
1. écharpe
2. poches
3. collier
4. sac
5. veste
6. pull
7. talons
8. boucles d'oreille
9. robe
10. jupe

■ Exercice 4
1. sortent
2. s'habille
3. enlève
4. avec
5. à
6. voudrais
7. va
8. belle
9. imperméable
10. taille

LEÇON 34

■ Exercice 1
1. V
2. F *(on mange souvent les frites avec ses doigts !)*
3. F *(ou très difficile !)*
4. V
5. F *(une tasse de thé)*
6. V
7. V
8. F *(on dîne le soir)*
9. V
10. V

■ Exercice 2
20 h *(ce n'est pas une heure du matin)*
pain *(ça ne se boit pas)*
sel *(ce n'est pas dans le café ou le lait)*
soucoupe *(ce n'est pas un couvert)*
avoir du café *(c'est lié à une idée d'achat)*

■ Exercice 3
A. courent – vite – se mettent à table – sortent de table – santé – temps
B. salade – tout – viande – poisson – fromage – gâteaux – aiment – préfère – donc

■ Exercice 4
1. remplir
2. poser
3. s'habiller
4. aller et s'arrêter
5. venir manger
6. commencer

LEÇON 35

■ Exercice 1
Le temps s'en va *(ce n'est pas un mouvement)*.
Il a mis une écharpe *(ici, mettre signifie porter)*.
prendre le menu / prendre un café *(cela ne se prend pas dans les mains)*.

■ Exercice 2
5. 2. 4. 8. 1. 9. 7. 3. 6.

■ Exercice 3
A. mange – fais attention – salades – un peu de – fruits – bon – froid – chaud.
B. faim – prends – bon – grande – pain – fromage – bois – lait

■ Exercice 4
Horizontalement
1. vêtements
2. il – rase
3. revenir
4. ta – gants.
5. iusa.
6. une – pi.
7. aprt (part) – ediv
8. ll – entrée
9. eux – oe – dr

Verticalement
1. verticale
2. eau – plu(ie)
3. tiv – sûr
4. élégante
5. na – no
6. erin – été
7. narti – dr
8. ts – pied
9. ses – hiver

LEÇON 36

■ Exercice 1

madame
la sœur
la mère
une fille
la femme
le mari
le grand-père
un ami
un copain
un amoureux

■ Exercice 2

1. V
2. V
3. F *(elle s'est mariée mais son mari est mort)*
4. F *(il est né avant elle, c'est son grand frère)*
5. V
6. V
7. V
8. F *(les amis ne sont dans la famille)*
9. V
10. F *(Aline aime bien le cinéma / ses amis mais elle aime Paul)*

■ Exercice 3

copain *(ce n'est pas dans la famille)*
amoureux *(ce n'est pas de l'amitié)*
monsieur *(ce n'est pas une femme)*
amie *(ce n'est pas dans la famille)*
se laver *(on se lave tout seul)*

■ Exercice 4

vas bien – sort – amis – frère – viens – crois – regarde – oublie – amoureuse – aime – sûre – vous marier – sais – pense

LEÇON 37

■ Exercice 1

3. 10. 7. 11. 1. 14. 5. 13. 8. 4. 6. 9. 2. 12.

■ Exercice 2

1. V
2. F / V *(je ne la vois presque jamais parce que depuis un an elle habite très loin)*
3. F *(elle en parle souvent)*
4. F *(un vieux copain on le connaît depuis longtemps)*
5. F *(mon vieux copain, mon vieil ami, mon vieux frère mais pas M. Dubois)*
6. V
7. F *(Paul embrasse Aline / ses parents / une amie mais pas M. Dubois)*
8. V *(Aline est grande = elle n'a plus 10 ans, mais pour sa maman c'est toujours sa petite fille. Une petite fille a deux sens : une fille jeune et la petite fille des grands-parents).*

■ Exercice 3

A. chérie – habillée – élégante – amoureux – tendrement
B. chéri – habillé – élégant – amoureuse – tendrement

■ Exercice 4

A. vieux – as raison – aiment – as du goût – vieil ami
B. vieille – as raison – aiment – as du goût – vieille amie

LEÇON 38

■ Exercice 1

1. l'amour
2. l'amitié
3. la tendresse
4. la joie
5. la tristesse
6. le bonheur
7. le malheur

■ Exercice 2

1. la fête
2. un rire
3. sourire
4. un souvenir
5. la vie
6. une photo(graphie)
7. une boisson
8. une réponse
9. une chanson

■ Exercice 3

1. V
2. F *(une fois par an, tous les ans)*
3. V
4. F *(le photographe n'est pas sur la photo)*
5. F *(elle est heureuse ou elle a du chagrin)*
6. V
7. V
8. V

■ Exercice 4

les larmes *(ça n'a pas de lien avec la joie)*
la tendresse *(ça n'a pas de lien avec la peine)*
la peine *(ça n'a pas de lien avec la joie : sortir = aller au cinéma, au restaurant...)*
faire rire *(ça n'a pas de lien avec le visage)*
près *(on est heureux quand l'amoureux ou l'amoureuse est près de nous)*

■ Exercice 5

1. peine
2. un sourire
3. amicale *(Attention ce n'est pas une lettre d'amour ! Elle aime bien Hugo et elle aime Paul).*
4. sentimentale
5. mouchoir

LEÇON 39

■ Exercice 1

1er – premier
2e – deuxième
3e – troisième
5e – cinquième
12e – douzième
32e – trente deuxième
131e – cent trente et unième
600e – six centième

■ Exercice 2

gare *(cela n'a pas de lien avec l'eau)*
jardin *(cela n'a pas de lien avec la circulation)*
le temps passe vite *(ce n'est pas un mouvement)*
prendre par la main *(ici, prendre signifie tenir)*

■ Exercice 3

1. V
2. V
3. F
4. V
5. V
6. V

7. V

8. F *(la gare est vers le quai de la Gare)*

9. V

10. V

■ Exercice 4

viens de – aller à – peux – entrez – continuez – devant – à gauche – loin – place – prenez – première – commencement

■ Exercice 5

viens en – côté – peux – heure – problème – finit – pouvez

LEÇON 40

■ Exercice 1

ligne de métro *(ce n'est pas une ligne de dessin)*

stationner *(ce n'est pas mobile)*

venir à pied *(ce n'est pas motorisé)*

un feu vert *(ce n'est pas un arrêt)*

■ Exercice 2

1. 0,40 € *(4 fois 10 centimes = 40 centimes)*

2. 1,60 € *(4 heures donc 4 fois 40 centimes)*

3. 0,20 € *(je paye de 18 h 30 à 19 h)*

4. 0 € *(c'est gratuit le samedi)*

■ Exercice 3

1. mal

2. difficile

3. sens

4. quais

5. lettres

6. bouchon

7. ticket

■ Exercice 4

1. ne… pas

2. ne… plus

3. ne… pas

4. n'… plus

5. plus – moins

■ Exercice 5

1. devez

2. pouvez

3. peux

4. peuvent

5. dois / peux

LEÇON 41

■ Exercice 1

5. 3. 11. 8. 7. 1. 10. 9. 13. 14. 2. 6. 4. 12.

■ Exercice 2

1. dois

2. louer

3. cherches

4. visité

5. sais

6. veux – peux

■ Exercice 3

ans – habite – revient – en panne – monte – doit – lourd – peut – continuer – voulez – porte – jusqu'au – dit – jeune

■ Exercice 4

Horizontalement

1. marcher

2. ami – tu

3. arbre

4. copines

5. sr

6. en – euro

7. sens – in

Verticalement

1. marches

2. am – né

3. riaps

4. rires

5. bn

6. être – ri

7. rues – on

LEÇON 42

■ Exercice 1

1. – a.

2. – b. / c.

3. – a. / d.

■ Exercice 2

couloir *(ce n'est pas une pièce)*

chambre *(cela n'a pas de lien avec l'eau)*

visiter *(cela n'a pas de lien avec dormir)*

toilette *(cela n'a pas de lien avec avoir des amis à la maison)*

un appartement de 3 pièces *(ce ne sont pas des pièces pour payer en liquide)*

■ Exercice 3

1. F

2. V

3. V

4. F

5. V

6. F

7. V

8. V

9. V

10. V *(si les fenêtres sont fermées)* / F *(si une fenêtre est ouverte)*

■ Exercice 4

A. regardes – pleuvoir – oublié – fermer – fenêtre – cuisine

B. fermé – porte – besoin – clé – sorti – fenêtre

C. penses – cherche – location – pièces – deuxième – dormir – travailler

LEÇON 43

■ Exercice 1

étagère *(ce n'est pas pour s'asseoir dessus)*

casser *(ce n'est pas lié au ménage, à l'ordre)*

seul *(ce n'est pas lié à plusieurs)*

faire attention *(faire : être (attentif))*

■ Exercice 2

1. V

2. F *(sur l'étagère)*

3. F *(il est sous la table)*

4. V

5. F *(c'est pour faire le ménage)*

6. V

7. V

8. F

9. V

10. V

■ Exercice 3

1. assise
2. range
3. posé
4. se regarde
5. se couche
6. invité
7. cassé
8. rangé

■ Exercice 4

A. chambre – armoire – angle – pièce – lit – fenêtre – porte – couloir *(si l'armoire est devant la fenêtre, on ne peut plus ouvrir la fenêtre)*

B. seul – salle à manger – chaises – canapé – mur – posée – table basse – invités – salon – sont assis – tapis

LEÇON 44

■ Exercice 1

A. **1.** – d.
2. – f.
3. – a. / g.
4. – e. / f.
5. – c.
6. – b.
7. – g.

B. **1.** – e.
2. – d.
3. – g.
4. – f.
5. – b.
6. – c.
7. – a.

■ Exercice 2

A. 5. 2. 4. 3. 1.
B. 2. 5. 4. 1. 3.

■ Exercice 3

1. V
2. F *(la lune peut éclairer la maison)*
3. V
4. F *(la lumière ne chauffe pas, elle éclaire)*
5. V
6. V
7. F *(une personne ne peut pas être cassée)*
8. V
9. F *(un chiffon ne peut pas être cassé)*
10. F *(le verre ne peut pas être réparé)*

■ Exercice 4

A. beau – depuis – éteint – garage – oublie – fauteuil – dormir

B. se lève – nuit – allume – lampe – avance – porte – chambre – chaise – table basse – bibelots – journée

LEÇON 45

■ Exercice 1

une cuillère *(aucun lien avec les trois autres)* / branche *(ce n'est pas du métal)*
du métal *(pas de rapport avec fleur ou arbre)*
un tronc *(ça ne fait pas partie d'une fleur)*
debout *(c'est être sur ses pieds)*
un cuisinier *(ce n'est pas un arbre !)*

■ Exercice 2

1. revenu
2. devenu
3. venu
4. devenu
5. dois

6. doit

7. sait

8. peut / veut

■ Exercice 3

1. V

2. V

3. V

4. F *(la scie peut être cassée mais pas en panne)*

5. F *(on scie avec une scie, on coupe avec un couteau)*

6. F

7. F *(il monte dans les branches)*

8. F

9. F *(les sentiers sont à la campagne, dans les bois pas dans une ville ou un village)*

10. F *(on se promène en marchant)*

■ Exercice 4

promenade – sortez – forêt – prenez – sentier – vous promenez – arbres – mortes – tombées – branches – devenue – sauf – toujours – pouvez – allonger – froid – revenir – arrêtez – boire – tarte

LEÇON 46

■ Exercice 1

1. – e.

2. – h.

3. – g.

4. – b.

5. – a.

6. – d.

7. – f.

8. – c.

■ Exercice 2

descendre une rivière *(ce n'est pas le même type de descente que dans un escalier)*

la radio est allumée *(elle ne donne pas de lumière)*

sur l'eau *(ce n'est pas sur les rives)*

■ Exercice 3

1. V

2. V *(un ruisseau n'est pas large)*

3. F *(ils passent au-dessus)*

4. F *(le torrent est dans la montagne, l'eau coule très vite)*

5. F *(un fleuve finit dans la mer)*

6. F *(mais il y a peut-être une belle plage en bas de la falaise)*

7. F *(ou alors vous aurez le prix Nobel !)*

8. F *(on doit remonter de courant)*

9. V

10. V *(ce sont des images)*

■ Exercice 4

Horizontalement

1. ruisseau

2. ee – ton.

3. gramme.

4. ai

5. rivières

6. dd – naiss

7. éé – et

8. re – sunet

Verticalement

1. regarder

2. uer – idée

3. semaines

4. miea

5. été – rien

6. ao – veste

7. une – ss

LEÇON 47

■ Exercice 1

1. – a. / h.
2. – f. / j.
3. – d. / g.
4. – c. / i.
5. – b. / e.

■ Exercice 2

A. 3. 7. 6. 1. 5. 4. 2.
B. 2. 7. 4. 6. 1. 3. 5.

■ Exercice 3

1. comme
2. sécurité
3. plus
4. permis
5. sauf
6. une autoroute

■ Exercice 4

A. autoroute – rouler – route – prend – temps – conduit – tranquillement – toujours

B. doivent – tombe – mal – souvent – à côté – il faut – entre – ralentir

C. conduire – dernier – cru – trop – accident – heureusement – grave – attention – devenir – conducteur

LEÇON 48

■ Exercice 1

prendre un parapluie *(ce n'est pas voyager en parapluie !)*
parti à *(ce n'est pas une arrivée)*
une rivière *(ce n'est pas lié à la gare)*

une racine *(ce n'est pas dans le ciel)*
un pont *(ce n'est pas lié à l'idée de départ ou d'arrivée)*

■ Exercice 2

1. V
2. F *(ils y vont pour prendre un bateau)*
3. F *(un oiseau s'envole, un avion décolle ou s'envole)*
4. F
5. V
6. F *(la voiture-bar est une voiture de train)*
7. F *(direct signifie sans correspondance)*
8. V
9. F *(le chat est allongé sur le tapis)*
10. V

■ Exercice 3

3. 12. billet 7. voulez 18. peux 4. dans – correspondance 6. souviens – vers 2. il y a 13. prochain 8. 11. préfère – donnez 17. 14. 16. classe 1. 9. voiture – comment 15. en liquide. 10. monnaie – voyage 5.

LEÇON 49

■ Exercice 1

1. – f.
2. – j.
3. – e.
4. – i.
5. – h.
6. – g.
7. – d.
8. – c.
9. – a.
10. – b.

Exercice 2

1. un nageur
2. un skieur
3. un gymnaste
4. un lecteur
5. un spectateur
6. skier
7. clouer
8. visser
9. jardiner
10. arroser

Exercice 3

un *château* de sable *(il est moins solide que les vrais châteaux !)*
donner sur le lac *(on ne donne rien)*
faire un gâteau *(c'est faire une seule chose)*
une *carte* routière *(ce n'est pas synonyme de carton)*

Exercice 4

1. V
2. V
3. F *(sauf si c'est un très mauvais hôtel !)*
4. V
5. F *(si ma fenêtre donne sur la campagne, je vois le paysage)*
6. F *(il faut un tournevis et des clous)*
7. V
8. V
9. F *(on ne peut pas déjeuner ou dîner dans un hôtel sans restaurant)*
10. F *(Nicolas est avec Paul et Aline, ils sont ensemble)*

Exercice 5

A. interdit – bord – campeurs – camping
B. restaurant – chambres – Petit- – menu – menu
C. bricolage – prix – gratuite

LEÇON 50

Exercice 1

prends – veux – avec – sans – préfère – noir – sucre – même

Exercice 2

appelles – ai besoin – renseignement – peux – demander – prix – bateau – îles – attends – combien – cher – comme

Exercice 3

Horizontalement

1. sécurité
2. éteindre
3. rt – til
4. lat – eértne
5. épaisse – té
6. pied – ple
7. vend – lourd
8. îles – on – du
9. des – vis – ir
10. er – lunette.

Verticalement

1. seule – vide
2. et – appeler
3. certaines
4. uit – Ieds
5. rn – esd – vu
6. idées – loin
7. tr – réponse
8. êett – lu
9. interdit
10. salée – dure

Imprimé en France par MAME Imprimeurs à Tours (n° 05082269)
Dépôt légal n° 63879 - 09/2005
Edition n° 02 - 15/5392/4